UNIVERSITÄTSREDEN

HEFT 3

Ehrenpromotion
Georg M. A. Hanfmann

am Fachbereich Altertumswissenschaften
der Freien Universität Berlin
am 21. Mai 1982

DUNCKER & HUMBLOT / BERLIN

Alle Rechte vorbehalten
© 1983 Duncker & Humblot, Berlin 41
Gedruckt 1983 bei Berliner Buchdruckerei Union GmbH., Berlin 61
Printed in Germany

ISBN 3 428 05471 7

Adolf H. Borbein

Herr Präsident, Herr Kanzler,
verehrte Kollegen, Kommilitonen,
meine Damen und Herren!

Im Namen des Fachbereichs Altertumswissenschaften heiße ich Sie herzlich willkommen zu einer festlichen Veranstaltung, in deren Mitte der erste Ehrendoktor unseres Fachbereichs steht, Herr Professor George Hanfmann von der Universität Harvard. Ihn begrüße ich ganz besonders.

Verehrter, lieber Herr Hanfmann, wir alle freuen uns darüber, daß Sie die Ihnen angetragene Würde eines Doktors der Philosophie honoris causa gern angenommen haben und so Ihre alte Bindung an Berlin erneuerten. Es freut uns, daß Sie zugleich unserer Einladung folgten, die Urkunde selbst in Empfang zu nehmen und uns einen Vortrag zu halten.

Die Rückkehr in die Stadt, in der Sie Ihr erstes Doktordiplom erwarben, wurde Ihnen wahrlich nicht einfach gemacht: Ein — zum Glück nur leichter — Herzinfarkt, der Sie im August letzten Jahres traf, verhinderte, daß die heutige Feier bereits im November nahe an Ihrem 70. Geburtstag stattfand. Ein Autounfall im März und vor allem eine schwere Erkrankung Ihrer Frau hätten eine erneute Absage gewiß gerechtfertigt — aber Sie sind dennoch gekommen, haben die Unannehmlichkeiten der langen Reise ertragen, und das bezeugt uns mehr als Worte, wie wichtig Ihnen die Ehrung durch die Freie Universität ist.

Zur vollkommenen Freude fehlt Ihnen und uns freilich eine Person, die wir gern hier gesehen hätten: Ihre Frau. Daß sie bald wieder gesund sei, und daß wir sie erneut in ihrer deutschen Heimat begrüßen dürfen, ist unser herzlicher Wunsch.

Meine Damen und Herren,

auf die Frage nach seinem Geburtstag kann Herr Hanfmann zwei Antworten geben: Nach julianischem Kalender wurde er am 7. November 1911 als litauischer Untertan des Zaren geboren, nach gregorianischer — und sowjetischer — Zeitrechnung am 20. November desselben Jahres. Aufgewachsen in Deutschland, bestand er in Jena das Abitur, und dort begann er 1930 das Universitätsstudium, welches er in München fortsetzte und im Sommer 1934 in Berlin mit der Promotion zum Dr. phil. summa cum laude abschloß. Er hatte Klassische Archäologie, Klassische Philologie, Geschichte und Philosophie studiert, und wenn man heute die Namen seiner Lehrer liest, dann steht einem jene Blüte deutscher Universitätsgelehrsamkeit plastisch vor Augen, die, durch die Krise des I. Weltkriegs befördert, sich in den Zwanziger Jahren voll entfaltete, bis der Nationalsozialismus sie verdorren ließ.

Herr Hanfmann hörte u. a. bei den Philosophen Max Dessoir und Nicolai Hartmann, bei dem Althistoriker Ulrich Wilcken, bei den Philologen Karl Deichgräber, Ludwig Deubner, Werner Jaeger (der später sein Kollege in Harvard wurde), Eduard Norden, Rudolf Pfeiffer und Friedrich Solmsen, nicht zuletzt aber bei Archäologen ganz unterschiedlicher Prägung wie Ernst Buschor, Friedrich Matz, Ferdinand Noack und Robert Zahn. Sein Doktorvater war Gerhart Rodenwaldt; in ihm erschien ihm wohl zuerst das bestimmende Vorbild des die gesamte Antike forschend umfassenden Archäologen. Rodenwaldt wollte seinen Schüler auch weiterhin fördern, aber Hanfmann erkannte klar, was ihn, den Abkömmling einer jüdischen Familie, trotz seiner litauischen Staatsbürgerschaft unter dem Naziregime erwartete. Das spätere schreckliche Schicksal von Angehörigen und Freunden erwies, daß er richtig handelte, als er die akademische Karriere in Deutschland aufgab und 1934, sogleich nach der Promotion, in die Vereinigten Staaten auswanderte. Dort fand er Aufnahme zunächst an der Johns-Hopkins-Universität Baltimore, wo David M. Robinson ihn mit der Publikation der metallenen Kleinfunde seiner Grabungen in Olynth betraute, einer Arbeit, die ihm 1935 eine nochmalige Promotion ermöglichte. Im selben Jahr wechselte er an die Universität Harvard, die bis heute seine akademische

Heimat ist. Zunächst Fellow, dann Assistant und Associate Professor, schließlich seit 1956 Full Professor of Fine Arts, erhielt er 1971 zu seinem 60. Geburtstag die angesehene John-E.-Hudson-Professur für Archäologie.

Neben der Lehrtätigkeit, die er nach seiner Emeritierung bis in dieses Jahr fortsetzte, leitete er von 1949 bis 1975 die Antikenabteilung am Fogg Art Museum der Universität Harvard. Bleibenden Ruhm erwarb er sich hier nicht nur durch seltene und günstige Neuerwerbungen, sondern auch durch Ausstellungen, welche Maßstäbe setzten: So „Ancient Art in American Private Collections" (1955), eine Veranstaltung, die ein neues Interesse amerikanischer Privatsammler an antiker Kunst signalisierte und es zum Nutzen auch der öffentlichen Museen nachhaltig förderte; ferner 1964 die erstmalige Präsentation der bedeutenden Sammlung Schimmel, die wir vor einigen Jahren auch hier in Berlin sehen konnten; schließlich „Master Bronzes of the Classical World" (1967), eine Ausstellung, die der Erforschung der antiken Bronzen und ihrer Techniken neue Impulse gab.

Als Ausgräber kam Herr Hanfmann 1947/48 erstmals in die Türkei — nach Tarsus, wo er im Team von Hetty Goldman arbeitete. Die Erforschung und Publikation der eisenzeitlichen Keramik von Tarsus (in: H. Goldman, Excavations at Gözlü Kule — Tarsus III, 1963) erscheint im Rückblick wie das Vorspiel zu dem größeren Werk in Sardis. Denn hier wie dort handelt es sich um sehr komplexe Befunde in der Berührungs- und Kreuzungszone zwischen griechischer und orientalischer Kultur. Der Auftrag, die lydische Keramik aus der einst von Butler und Chase unternommenen Sardis-Grabung zu veröffentlichen, erforderte Nachuntersuchungen. Herr Hanfmann machte daraus einen Neubeginn, alle Schwierigkeiten — auch finanzieller Art — überwindend. Gemeinsam mit seinen Mitarbeitern gelang es ihm — wobei er die Grabungen von 1958 bis 1976 selbst leitete —, die Geschichte der kleinasiatischen Metropole von ihren prähistorischen Anfängen bis in die byzantinische Epoche archäologisch zu erhellen und die erzielten Ergebnisse zügig zu publizieren. Das römische Gymnasium mit dem darin integrierten größten aus der Antike erhaltenen Synagogenbau konnte er weitgehend rekonstruieren lassen. Am Winckelmannsfest der Archäologischen Gesellschaft hat er 1980 hier in Berlin einen ausführlichen Bericht über Sardis gegeben.

Herr Hanfmann überblickt sein Fach insgesamt und vermag es in nahezu allen seinen Aspekten zu vertreten. Diese heute ungewöhnliche Breite kennzeichnet allgemein sein Forschen, eine Tätigkeit, welche seine drei Berufe — Hochschullehrer, Museumsleiter und Ausgräber — zusammenbindet und die in einem umfangreichen literarischen Oeuvre dokumentiert ist. Herr Hanfmann hat jedoch nicht wahllos aufgegriffen, was ihm auf dem Wege lag; er hat vielmehr das Terrain seiner Forschungen planmäßig-konsequent erschlossen, die Einzelprobleme dabei stets in übergreifende historische Zusammenhänge einordnend.

Bereits in seiner Berliner Dissertation über „Altetruskische Plastik" (erschienen 1936) hat er darzustellen versucht, wie das Erscheinungsbild einer Kultur durch Einflüsse von außen — hier: aus dem Orient und aus Griechenland — geprägt wird. Dasselbe Problem verfolgte er bei der Bearbeitung der Keramik aus Tarsus, bis es dann zum eigentlichen Motiv seiner Sardis-Grabung wurde. Hier besonders stellte er seine für einen Klassischen Archäologen ungewöhnlich genaue Kenntnis der Kulturen auch des Vorderen Orients unter Beweis, was ihm ermöglichte, die Kunst der Lyder als Mischung kleinasiatischer, orientalischer und griechischer Formelemente erstmals auf breiter Basis zu analysieren.

Ausgehend von seinem Interesse für die altitalisch-etruskischen Kulturen und später zusätzlich gefördert durch Funde in Sardis, hat Herr Hanfmann sich intensiv mit Fragen der römischen Kunst befaßt — auch sie ist in gewisser Hinsicht eine Mischkunst —, insbesondere mit dem römischen Porträt und der Sarkophagplastik. Standen zunächst die frühen Perioden im Vordergrund, so wandte er sich in den letzten Jahren vor allem der Spätantike und der frühbyzantinischen Zeit zu. Er hat Gesamtdarstellungen der römischen Kunst (1964, auch ins Deutsche übersetzt) sowie der Kunstproduktion in den kleinasiatischen Städten („From Croesus to Constantine", 1975) vorgelegt und arbeitet an einer entsprechenden Darstellung der griechischen Kunst mit der für ihn programmatischen Absicht, Kunst und Kultur, Geistesgeschichte und allgemeine Geschichte methodisch miteinander zu verknüpfen und als Einheit zu verstehen.

Herr Hanfmann definiert die Archäologie als eine historische Disziplin, die untrennbarer Bestandteil der Altertumswissenschaft ist und die zugleich in der Kunstwissenschaft einen starken Rückhalt besitzt. Auch deshalb hat er die geographischen und zeitlichen Grenzen des Altertums immer wieder überschritten, um einerseits die Voraussetzungen, andererseits die Wirkungen der klassischen Antike deutlich zu machen. Beispielhaft hierfür ist seine rezeptionsgeschichtlich weit ausgreifende Monographie über den römischen Sarkophag in Dumbarton Oaks mit der Darstellung der Jahreszeiten („The Season Sarcophagus in Dumbarton Oaks", 1951), eine Schrift, die ausgehend von einem einzelnen Monument und seiner kunstgeschichtlichen Einordnung in Zusammenhänge führt, die von Homer bis in die Neuzeit reichen. Bildende Kunst und Literatur, Stil- und Geistesgeschichte werden parallel und in gleicher Weise als Ausdruck konkreter historischer Prozesse gedeutet. Die beschreibende Ikonographie der Jahreszeiten mündet ein in eine verstehende Ikonologie, schließlich in eine Geschichte des Wandels der Vorstellung von den Jahreszeiten überhaupt.

Tradition als fortwährender Prozeß der Um- und Anverwandlung: gerade im Wechsel erweist sich kulturelle Kontinuität, in der Mischung auch heterogener Elemente die Lebendigkeit der Geschichte. Hier — so denke ich — erfassen wir den Kern der wissenschaftlichen Bemühungen von Herrn Hanfmann.

Die Verbindung etwa von Gymnasium und Synagoge, die man im Jerusalem der Makkabäer als Provokation empfunden hätte, war im kaiserzeitlichen Sardis offenbar problemlos — Zeichen der Hellenisierung des Judentums und eines Prozesses, der schließlich die Rezeption auch des Christentums ermöglichte. Wie der antike Mythos christliche Inhalte ausdrücken konnte, wie heidnische Paideia christlicher Pistis anverwandelt wurde, hat Herr Hanfmann erst kürzlich genauer dargelegt (in: K. Weitzmann, Hrsg., Age of Spirituality. A Symposion, 1980).

Kontinuität in und durch Veränderung hat er nicht minder aufgezeigt in der Geschichte Westanatoliens von Kroisos über Konstantin bis zur türkischen Gegenwart. Ja er hat sie in seiner Person verkörpert auf seinem Lebensweg zwischen Europa und Amerika, Berlin und Harvard.

Eine derartige Übereinstimmung von wissenschaftlichem Werk und gelebter Existenz begründete wohl auch seinen ungewöhnlichen Erfolg als Lehrer. Er wurde und ist ein Mittler, der selbst Prozesse der Annäherung und Veränderung in Gang setzt. Wir können von ihm lernen und haben ihm dafür zu danken.

Verehrter Herr Hanfmann, viele Ehrungen sind Ihnen schon zuteil geworden. Zahlreiche Akademien und wissenschaftliche Gesellschaften haben Sie zum Mitglied gewählt — hier in Berlin erwähne ich das Deutsche Archäologische Institut, welches in unserer Mitte durch Präsident Krämer vertreten ist. Zum 60. Geburtstag erhielten Sie eine bedeutende Festschrift, 1978 verlieh Ihnen das Archäologische Institut von Amerika die Goldmedaille „For Distinguished Archaeological Achievement". Und soeben kommen Sie von einem großen Fest, das das Fogg Art Museum für Sie veranstaltet hat, um Ihnen dafür zu danken, daß Sie den wissenschaftlichen Rang der dortigen Sammlung entscheidend prägten. Eine Ausstellung der wichtigsten unter Ihrer Ägide erworbenen Stücke wurde eröffnet, ein nach Ihnen benannter Publikationsfonds begründet.

Wenn unser Fachbereich solchen Ehren eine weitere anfügte, wenn er Ihnen gar zu den zwei in der Jugend erworbenen Doktoraten ein drittes verlieh, glaubte er gleichwohl nichts Überflüssiges zu tun. Stolz und beschämt zugleich würdigt er damit ein Lebenswerk, dem er sich verbunden und verpflichtet weiß.

Der Fachbereichsrat des Fachbereichs Altertumswissenschaft der Freien Universität Berlin hat am 3. Juni 1981 einstimmig beschlossen, Ihnen, Herr Hanfmann, die Würde eines Doktors der Philosophie honoris causa zu verleihen,

— weil Sie als Ausgräber, Museumsdirektor, Hochschullehrer und Forscher unsere Kenntnis von Kunst und Kultur der Griechen, Römer, Etrusker und Lyder entscheidend vermehrt haben,

— weil Sie als ehemals Berliner Student die Tradition der Berliner Altertumswissenschaft beispielhaft verkörpert und sie in den Vereinigten Staaten von Amerika zu Ansehen gebracht haben, und

— weil Sie trotz erlittener Verfolgung die Freundschaft mit den deutschen Archäologen aufrecht erhielten.

Ich darf Ihnen nunmehr die Doktorurkunde überreichen, deren lateinischen Text ich zunächst verlese.

QUOD BONUM FELIX FAUSTUMQUE SIT

EBERHARD LÄMMERT
PHILOSOPHIAE DOCTORE PHILOLOGIAE GENERALIS PROFESSORE
PRAESIDE

ADOLF HEINRICH BORBEIN
PHILOSOPHIAE DOCTORE ARCHAEOLOGIAE PROFESSORE
DECANO

ORDO EORUM QUI IN UNIVERSITATE LIBERA · BEROLINENSI
REBUS ANTIQUIS STUDENT

VIRO DOCTISSIMO

GEORGE MAXIM ANOSSOV HANFMANN
PHILOSOPHIAE DOCTORI ARCHAEOLOGIAE
APUD UNIVERSITATEM HARVARDIANAM PROFESSORI HUDSONENSI

QUI PRISTINAE UNIVERSITATIS FRIDERICAE GUILELMAE BEROLINENSIS ALUMNUS
DOMINATIONE SCELERATA IMPROBAQUE E PATRIA EXPULSUS ARCHAEOLOGIAE
RATIONEM AC DOCTRINAM PROBATAM SUMMO STUDIO EGREGIAQUE ERUDITIONE
IN EXSILIO AD FLOREM NOVUM ADDUXIT

QUI SINGULARI DILIGENTIA EFFOSSIONIBUS PERAGENDIS MONUMENTIS IN MUSEIS
CONSERVANDIS AC EXAMINANDIS CAUSARUM RATIONIBUS INVESTIGANDIS
ADULESCENTIBUS INSTITUENDIS VETUSTATIS TOTIUS FERE NOTITIAM
ASSIDUE PROMOVIT

PHILOSOPHIAE DOCTORIS IURA DIGNITATEMQUE HONORIS CAUSA DIE III MENSIS IUNII ANNO MCMLXXXI UNANIMI CONSENSU CONTULIT

QUAM REM HOC PUBLICO DIPLOMATE SIGILLO UNIVERSITATIS MUNITO
ORDINIS EIUSDEM DECANUS PROPRIA MANU TESTATUR

GEORGE M. A. HANFMANN

Die ‚Berliner Schule‘:
Archäologie und Archäologen in Berlin und USA

Sehr geehrter Herr Präsident,
lieber und verehrter Herr Fachbereichssprecher Borbein,
verehrte Kollegen, Kommilitonen der Universität Berolinensis,
meine Damen und Herren!

Die Ehrung, welche die Freie Universität Berlin durch den Fachbereich Altertumswissenschaften mir erwiesen hat, ist die Krönung meines Gelehrtenlebens, das vor zweiundfünfzig Jahren mit meinem Studium in Berlin begann. Mit Freude und Rührung nehme ich die Würde eines Ehrendoktors der Philosophie dankend an.

Als ich die ehrenvolle Aufforderung erhielt, nach Berlin zu kommen und vor diesem Gremium einen Vortrag zu halten, beschloß ich nach reiflicher Überlegung, heute über ein Thema zu sprechen, zu dem ich persönliches Zeugnis ablegen kann, wie es nicht mehr viele können, nachdem unsere Generation von der Bühne abtritt — zu einem Thema, das im Begriff ist, zu einem objektiven geschichtlichen Ereignis zu werden. Es handelt sich um die Auswanderung der deutschen Gelehrten in den dreißiger Jahren und die Übertragung der deutschen Wissenschaft nach Amerika sowie um die Frage des Ausmaßes und der Art ihrer Einwirkungen auf die amerikanische Kultur.

Das Interessante dabei ist der Prozeß der kulturellen Übertragung und Verschmelzung. Mit Bezug auf die Antike reden wir viel von Einfluß und Einflüssen. Hier haben wir nun Einfluß im wörtlichsten Sinn (wie man ja auf Englisch vom „influx of refugees" spricht) —

und zwar von bekannten, konkreten Persönlichkeiten getragen, angeblich im hellsten Licht der Gegenwart. In Wirklichkeit mangelt es jetzt schon an Augenzeugenberichten.

Natürlich ist in den letzten drei Jahrzehnten dazu viel geschrieben worden. Es schien mir aber, daß Bücher, die dem allgemeinen Phänomen gerecht zu werden versuchen, wie etwa das von meinen Harvard-Kollegen, den Historikern Bernard Bailyn und Donald Fleming herausgegebene Florilegium „Intellectual Migration: Europe and America, 1930 - 1960", oft oberflächlich ausfallen, weil sie leicht in Aufzählung der Namen ausarten. Auch ist, zum Beispiel, dieses Buch auf einige Hauptgebiete der Wissenschaft beschränkt, unter denen die Archäologie vollständig fehlt. Methodisch mangelt es an analytischen Betrachtungen der Einzelfälle, an dem, was man in der Medizin einen ‚klinischen Fall' nennen würde.

Es schien mir, daß eine Skizze der geistigen Entwicklung dreier Archäologen der Berliner Schule — vor und nach ihrer Übersiedlung nach Amerika — die Gelegenheit geben würde, solche ‚klinischen Fälle' darzustellen und auf diese Weise die mir persönlich bekannten Tatsachen für die Geschichtsforschung zu bewahren.

Mein Vortrag ist also nicht das Ergebnis gereifter Fachforschung, sondern ein Beitrag zur Geistes- und Kulturgeschichte der Archäologie in unserer Zeit, in Deutschland und in Amerika. Gleichzeitig ist er ein Beitrag zur Geschichte und zum Einfluß unserer Alma Mater Berolinensis, von ihrem dankbaren Zögling dargebracht. Letzten Endes ist er auch ein Beitrag zum Thema „Berlin und die Antike", dem die fesselnde Ausstellung und der schöne Band von Aufsätzen 1979 zur Feier des 150. Jubiläums des Deutschen Archäologischen Instituts gewidmet waren.

Dankbar darf ich an dieser Stelle Herrn Borbeins gedankenreicher Abhandlung „Klassische Archäologie in Berlin vom 18. bis zum 20. Jahrhundert" gedenken sowie der meisterhaften Darstellung der Geschichte der Altorientalistik und der Vorderasiatischen Archäologie von Herrn Renger, denen ich manche Anregung verdanke.

Was war nun ‚Die Berliner Schule' in der Archäologie? Zur Zeit meines Studiums, also in den frühen dreißiger Jahren, hätte man wahrscheinlich die mehr objektiv-sachliche, idealistisch-humanistische Berliner Schule Gerhart Rodenwaldts der hellenozentrischen, neoromantischen, stefano-georgiden Schule Ernst Buschors in München und der literarisch-kulturell orientierten Heidelberger Schule des genialischen Ludwig Curtius gegenübergestellt. Um die geistige Atmosphäre und die Tradition zu kennzeichnen, aus denen diese Berliner Schule Rodenwaldts erwuchs, muß man aber auch das Jahrzehnt unmittelbar nach dem Ersten Weltkrieg einbeziehen, als Ferdinand Noack noch Ordinarius war (1916 - 1931) und Gerhart Rodenwaldt, bereits seit 1922 in Berlin, als Präsident des Deutschen Archäologischen Instituts seine großen Talente zu entfalten begann.

Als ich im Winter 1930, in meinem zweiten Semester, nach Berlin kam, vollzog sich gerade der Übergang von dem Historismus von Ulrich von Wilamowitz-Moellendorff — durch sein Institut für Altertumskunde imposant verkörpert — zum Dritten Humanismus, welcher, 1925 von Werner Jaeger und Rodenwaldt proklamiert, bereits die Generation der jüngeren Gelehrten beherrschte. Der Internationalismus in der Archäologie hatte zwar 1929 in Rodenwaldts Fest zum 100jährigen Jubiläum des Deutschen Archäologischen Instituts einen gewaltigen Triumph gefeiert, war aber noch nicht in das Archäologische Seminar eingedrungen. Dort war Ordinarius der Architekturhistoriker Ferdinand Noack, im Grunde ein Italiendeutscher, der in seiner Jugend Arbeiten zur Quattrocento-Malerei geschrieben hatte und an seinem letzten großen (leider nie vollendeten) Werk über die Topographie des Palatin arbeitete. Neben ihm wirkten zwei jüngere Gelehrte, beide stark an Kunsttheorie interessiert, Valentin Müller (1889 - 1945) und Friedrich Matz (1890 - 1974). Beide vertraten jene große kunsttheoretische Bewegung, welche die Kunst als Form begreifen wollte und gerade anfing, in der Archäologie die Geister mächtig zu erregen.

Als Schüler Carl Roberts war Ferdinand Noacks (1868 - 1931) „wissenschaftliche Heimat die Berliner Altertumswissenschaft der achtzehnhundertachtziger Jahre" (Rodenwaldt). Er hatte die Klassiker gründlichst studiert, aber eine mehr Dehio und Wölfflin verhaftete Methode als Architekturhistoriker entwickelt. Arbeiten über die homerische und die gerade neu entdeckte minoische und mykenische

Architektur waren die Grundlage seines Rufes. Ihnen folgte die ungeheuer komplizierte Topographie von Eleusis (1928). Aber, wie schon angedeutet, „stand am Beginn und Ende von Noacks Laufbahn das Erlebnis Italien". Unvergeßlich — in meinem Kollegbuch fast wortwörtlich aufgenommen — war Noacks Vorlesung über das Forum und den Palatin. Da wurde in 40 Stunden das vormussolinische Rom, Monument um Monument, Schriftquelle um Schriftquelle, mit genauester Akribie und eindringlichem architektonischem Verständnis aufgearbeitet und mit großer Begeisterung präsentiert.

Die zwei jüngeren Gelehrten, Valentin Müller und Friedrich Matz, gehörten der Generation an, deren Laufbahn durch den Ersten Weltkrieg entzweigebrochen war. Ein gebürtiger Berliner, Junggeselle, schweigsam, schüchtern, war Valentin Müller, seit 1923 Privatdozent. Die neuen Entdeckungen in Mesopotamien und in den Hethiterlanden führten ihn auf das große Thema „Orient und Griechenland". Sein logisch scharf durchdachtes, als Typensammlung immer noch wertvolles Werk „Frühe Plastik in Griechenland und Vorderasien" (1929) suchte die auf der Naturwissenschaft aufbauende Typenforschung mit der neuen Kunstformanalyse zu vereinen. Valentin Müllers abstrakt-schematische, nüchterne Darstellungsart fand in Deutschland und zumal bei Noack keinen Anklang. Dagegen muß ich bekennen, daß meine Doktorarbeit über „Altetruskische Plastik" (1934 - 36) in Plan und Methode das meiste nicht meinen Doktorvätern Rodenwaldt und Matz, sondern durchaus diesem Buche Valentin Müllers verdankte.

Nur ein Jahr jünger als Müller, hatte der Lübecker Matz während und nach dem Ersten Weltkrieg 11 Jahre in der Höheren Schule unterrichtet und hatte dann in Rom, durch Arbeit am Realkatalog des dortigen Deutschen Archäologischen Instituts, unheimliche Gelehrsamkeit auf allen Gebieten der Antike erworben. Aber er strebte stets danach, ein Theoretiker zu sein, und rang sich nach und nach zu einer ziemlich komplizierten Strukturtheorie durch. Sein Buch über „Kretische Siegel" (1929) versuchte, wie Valentin Müllers ‚Plastik' (1929), gewisse formale Kennzeichen, wie etwa die Spirale, mit bestimmten Kulturen zu verbinden — etwa mit Dimini. Jedoch Matz fühlte sich, weit über eigene Theorien hinaus, zum Künder theoretischer Belange berufen. Von ihm hörten wir zuerst von Panofskys ‚Perspektive als symbolische Form', von Heinrich Schäfers grundlegender, psychologisierender Deutung der Formauffassung ägyptischer Kunst, von Gerhard Krahmers großem Wurf bei der stilistischen Periodisierung der hellenistischen Plastik. Auch diese beiden Gelehrten, Schäfer und Krahmer, waren in Berlin um 1930 tätig. Obwohl Matz etwas pedantisch und im Grunde kein richtiger Philosoph war, rüttelten seine aufrichtige Überzeugung und sein Lehrtalent die Studenten aus dem althergebrachten Gleis der antiquarischen Klassischen Archäologie heraus.

Der größte methodische Einfluß außerhalb der Archäologie ging von dem großen Nachbarn auf demselben Korridor, dem Institut für Altertumskunde aus. Wilamowitz selber lehrte nicht mehr, aber sein Geist schwebte über den Wassern, und selbst die jüngeren Gelehrten, die dem Stern Werner Jaegers folgten und dem Dritten Humanismus huldigten, gingen zu Wilamowitz' Lesekreis. Was der Archäologe hier als Methode lernte, war das Interpretieren im Wilamowitz'schen Sinn, das jeder Frage mit historischer Aufklärung aus Primärquellen, seien sie Texte oder Inschriften oder Papyri, zu begegnen suchte. Für den Archäologen ergab sich — in Wilamowitz' eigenen Worten — die Aufgabe, „die monumentale Überlieferung als Ergänzung der geschriebenen zu präsentieren", was praktisch Benutzung der Denkmäler zur Erklärung der Texte, der Realien und der Mythen bedeutete.

Nun war aber in dem Institut selber schon im vorhergehenden Jahrzehnt ein Umschwung in der Zielsetzung erfolgt. Von Wilamowitz 1916 nach Berlin berufen, hatte der philosophische Philologe Werner Jaeger als Sprecher des Dritten Humanismus den Anspruch auf geistige Führung der Klassischen Wissenschaften erhoben. Durch die Gründung der Zeitschrift „Die Antike" wollte man an das breite gebildete deutschsprachige Publikum appellieren und eine Erneuerung deutscher, ja europäischer Kultur durch lebendige Berührung mit einer großgesehenen Klassik herbeiführen. Im Prinzip sah Jaeger ein neues Verhältnis zur Archäologie und Kunst und setzte sogar die Kunst an die erste Stelle. Man müsse auf höherem Niveau die Verbindung zur Philologie herstellen, so wie man etwa denselben Geist in den aeschyleischen Dramen und den (damals gerade in Mode kommenden) Olympia-Giebeln erkennen könne. Jaeger selber war durchaus kein Seh-Mensch, und so machte erst Rodenwaldt, der als Mitherausgeber der „Antike" wirkte, Jaegers Gedankenwelt für antike Kunst fruchtbar.

Einen wichtigen Einfluß auf die Berliner Archäologenschule hatte die Museenwelt — vielleicht waren es auch zwei Welten: die Welt des Alten Museums, damals noch im Schinkelschen Bau beheimatet, und die Welt des Pergamonaltars, des Ischtartores, der Amarnasammlung. Im Alten Museum zeigte Robert Zahn, Direktor und Honorarprofessor, in seinem wunderschönen klassizistisch getäfelten Amtszimmer mit großer Hingabe und gediegenster Gelehrsamkeit Originalvasen oder antikes Glas. Man war in der Welt der Conoscenti und Dilettanti, der Sammler-Forscher des 18. Jahrhunderts — nur mit zusätzlichem neuen Wissen. Ein ganz anderer Odem wehte im Pergamonmuseum, das 1930 soeben eröffnet worden war. Es herrschte das Hochgefühl der vollbrachten Leistung, die ja auch den Wiederaufbau des Markttores von Milet einschloß. Im Grunde war es der Geist Theodor Wiegands, eines Mannes, der in gewaltigem Maßstab und in seinem Drang, Architektur zum unmittelbaren Erlebnis zu machen, mit den antiken Baumeistern wetteiferte — und das gab es nur in Berlin.

Der plötzliche Tod Noacks (1931) bedeutete eine Zäsur für die Archäologie an der Universität. Die verschiedenen geistigen und wissenschaftlichen Strömungen, über die ich einen Überblick zu geben versucht habe, waren wohl alle im Berliner Seminar vertreten gewesen, flossen aber sozusagen nebeneinander her. Da übernahm Gerhart Rodenwaldt die Leitung und brachte Festigkeit und Bindung in die geistigen Grundlagen, eine gewisse olympische Erhabenheit in das Verständnis des Faches, aber auch eine unverkennbar rationale, im Geist der Berliner Klassik wurzelnde Haltung.

Dies ist nicht der Ort, die Persönlichkeit oder das ganze Lebenswerk Rodenwaldts zu würdigen. Ich will nur auf die Seiten hinweisen, die von nun ab auch die ‚Berliner Schule' kennzeichneten. Zunächst war es der weitgespannte Rahmen der Interessen. Durch seine zehnjährige Tätigkeit erst als Generalsekretar, dann als Präsident des Deutschen Archäologischen Instituts trefflich informiert, verstand es Rodenwaldt als seine Aufgabe, das Fortschreiten der Archäologie als eine internationale Entwicklung zu verfolgen. In kurzen Präludien zu den Vorträgen in der Archäologischen Gesellschaft berichtete er über Entdeckungen in Libyen und sprach mit Bewunderung von der großen archäologischen Offensive, mit der das Oriental Institute of Chicago unter Henry Breasted die Kenntnis Ägyptens und des Nahen Ostens entscheidend fördern wollte. Ein prinzipielles Resultat dieser international gesinnten Offenheit war die Duldsamkeit für andere Gesichtspunkte und Interessen, eine Duldsamkeit, welche nie die Studenten in die eigenen Bahnen zwang oder ihnen unbedingt Teilprobleme der eigenen Forschung aufdrängte. Methodisch gelang Rodenwaldt dank seiner angeborenen Klarheit des Denkens das, was z. B. Valentin Müller oder Matz versagt war: beredt und überzeugend die reine Formbetrachtung durch Untersuchung der geistigen Zusammenhänge (d. h. „Ideengeschichte") zu ergänzen. Schließlich waren seine Spezialinteressen weit umfassend und setzten bedeutende Forschungsziele für seine Schule.

Mit einer glänzenden kunsthistorischen Arbeit über pompejanische Malerei hatte er begonnen. Es folgten die Grabung in Tiryns und seine großen Arbeiten zur ägäischen Malerei. In seiner Präsidentenzeit war durch das Corpus der römischen Sarkophage die römische Kunst als ein ungedeutetes Phänomen ins Zentrum seines Wirkens getreten — wiederum zur Forschung und Deutung der von Riegl entdeckten Spätantike führend. Das Problem der Klassik, zunächst im Rahmen der Auseinandersetzung mit Wölfflin, dann im Zusammenhang mit dem Dritten Humanismus, beschäftigte ihn fast das ganze Leben. Seine Bücher über die Akropolis und über Olympia bezeugen seine Liebe und sein unmittelbares Verhältnis zur klassischen griechischen Kunst. Das für den Ursprung griechischer Kunst entscheidende Problem der Entstehung der Monumentalarchitektur und Monumentalplastik hatte er schon 1919 in Angriff genommen und seine Interessen an der archaischen Kunst dann durch die große Edition der Korkyra-Giebel erweitert. So schien für den großartig begabten, einflußreichen Mann und für seine Schülerschar eine große wissenschaftliche Entfaltung sicher.

Nun muß ich Sie daran erinnern, daß all dieses glänzende geistige Leben vor dem düsteren Hintergrund der Machtergreifung durch die Nazis spielte. So manches Mal ertönte wildes Geschrei, wenn unter den Institutsfenstern Nazistudenten und die Polizei aufeinanderstießen. Meine guten Freunde, Archäologen wie Philologen, machten Witze über den Reichstagsbrand, aber sie selber erschienen auf einmal in der braunen SA-Uniform. Und selbst Rodenwaldt las im Kolleg sehr demonstrativ aus Alfred Rosenbergs „Mythos des zwanzigsten Jahrhunderts" vor. Denn noch hoffte er um der Archäologie willen, sich mit den Machthabern zu arrangieren, in deren Ungunst er aber sehr bald geriet, zumal wegen seiner Treue seinen jüdischen Freunden gegenüber. Ich werde auf diesen Hintergrund nicht zurückkommen. Man muß sich aber an ihn erinnern, wenn man die Leistung und den Leidensweg der späteren ‚Berliner Schule' würdigen will. Diese Aufgabe muß ich berufeneren Zeugen, zumal den letzten Helfern Rodenwaldts wie meinem lieben Freund Ulrich Hausmann, überlassen.

Wenden wir uns nun unseren drei ‚klinischen Fällen' zu, den drei Vertretern der ‚Berliner Schule', welche damals Deutschland verließen. Schon Ende 1930 hörte man, *Valentin Müller* sei nach Amerika gegangen. Bald erscholl homerisches Gelächter durch das Berliner Seminar. Die Nachricht war eingetroffen, der schüchterne Junggeselle habe die ganze Nacht mit amerikanischen Collegegirls durchgetanzt — ein unvorstellbares Bild vom Verfasser der „Frühen Plastik in Griechenland und Vorderasien". Die meisten wunderten sich, wie jemand Berlin mit Bryn Mawr vertauschen könnte; denn Bryn Mawr besagte den Berliner Studenten gar nichts.

Amerikanischen Archäologen aber besagte Bryn Mawr sehr viel. Dort wirkte der geistreichste der amerikanischen Archäologen, Rhys Carpenter (1889 - 1980), Weltmann, Dichter, Diplomat, Hundezüchter — aber auch ein energischer Direktor der American School in Athen, Ausgräber von Korinth und besonders Akrokorinth, Anreger der großen Debatte über das Alter des griechischen Alphabets, guter Kenner griechischer Plastik und Urheber sehr anregender Theorien über die Aesthetik der griechischen Kunst, Theorien, die er in Verbindung mit englisch-amerikanischer Wahrnehmungspsychologie und -aesthetik entwickelt hatte. Ihm zur Seite wirkte Mary Hamilton Swindler. Sie war eine grundgescheite Person, gute Vasenkennerin, und hatte ein umfassendes, ausgezeichnetes Lehrbuch über antike Malerei geschrieben (Ancient Painting, 1929). Als langjährige Herausgeberin des maßgebenden American Journal of Archaeology hatte sie Bryn Mawr zu einem nationalen Zentrum der Klassischen Archäologie gemacht. Beide, Carpenter und Swindler, waren am Nahen Osten und am Mykenischen interessiert, und so war es wohl im Grund Müllers Buch über „Frühe Plastik in Griechenland und Vorderasien", das zur Einladung nach Bryn Mawr geführt hatte. Jedenfalls haben die Nachforschungen, die Frau Professor M. J. Mellink auf meine Bitte in den einschlägigen Akten angestellt hat, nichts anderes ergeben. Mit der Ernennung Müllers wurde Bryn Mawr zu der einzigen amerikanischen Hochschule mit drei ständigen Professuren für Klassische Archäologie.

Inmitten der lieblichen Wiesen und Haine des reizenden Campus von Bryn Mawr entfaltete Valentin Müller 15 Jahre lang eine beträchtliche wissenschaftliche Tätigkeit. Doktoranden hatte Bryn Mawr damals sehr wenige, und so hinterließ Müller keine Schule. Aber eine Reihe wichtiger Aufsätze über die damals gerade vom University Museum im benachbarten Philadelphia nach der Entdeckung der Königsgräber von Ur mächtig vorwärts getriebene mesopotamische Archäologie sollte zu einem großen, leider nie geschriebenen Buch über die Kunst des Orients und des Mittelmeeres führen.

Sehr wichtig und heute noch wirksam waren zwei Ergebnisse seiner theoretischen Studien. 1938 erschien in der kunsthistorischen Zeitschrift The Art Bulletin (Bd. 20, S. 360 - 418) auf Englisch der Versuch einer Chronologie der griechischen Plastik von 400 bis 40 v. Chr. Bei allem Schematismus — wie in einem Eisenbahnfahrplan fährt bei Müller alle 10 Jahre eine neue stilistische Unterphase ab — hat er doch ganz großartig alle damals bekannten datierten und datierbaren Werke der Spätklassik und des Hellenismus in seine Konstruktion eingearbeitet, so daß nach wie vor jeder ernsthafte Erforscher griechischer Plastik sich damit auseinandersetzen muß. Ganz anders, ich würde sagen: ‚klassisch' in seiner Klarheit und Vollendung, ist der Aufsatz „The Beginning of Monumental Sculpture in

Greece", in den Metropolitan Museum Studies (Bd. 5, 1936, S. 157 - 169) erschienen, den ich immer wieder meinen Schülern empfehle. Hier wird die Frage nach den Bedingungen der Entstehung der Monumentalplastik in einem ganz weiten Zusammenhang gestellt, das Verhältnis zwischen der griechischen und der mykenischen Kultur beleuchtet und die Möglichkeit monumentaler Plastik in der geometrischen Periode der griechischen Kunst mit objektiven Argumenten vertreten. Die Nachwirkung Valentin Müllers in der amerikanischen Archäologie beruht hauptsächlich auf diesen und einigen den Nahen Osten betreffenden Arbeiten.

Wenn jemand nordisch aussah, dann war es *Karl Lehmann-Hartleben* (1894 - 1960). Er war fast ein Albino, mit wasserhellen blauen Augen, zurückgeworfenem Kopf und ungemein lebhaften Gebärden. Der Professorensohn aus Rostock hatte schon am Ersten Weltkrieg in der Türkei teilgenommen. In den frühen zwanziger Jahren (1922) promovierte er bei Noack in Berlin. Nur zwei Jahre später habilitierte er sich auch in Berlin (1924). In der Architekturgeschichte und der städtebaulichen Forschung war er innerhalb der ‚Berliner Schule' der wahre Nachfolger Noacks. Seine Arbeiten über „Die antiken Hafenanlagen des Mittelmeeres (1923), über „Städtebau Italiens und des römischen Reichs" (1929 in der Real-Encyclopädie) und die gemeinsam mit Noack unternommene, schließlich allein vollendete Untersuchung der Häuser am Stadtrand von Pompeji (1936) waren bedeutende, dauerhafte Leistungen. Er wollte sich aber als Gelehrter ersten Ranges erweisen, der Griechisches wie Römisches beherrschte und zur kunstgeschichtlichen Theorie beitrug. Zwei großangelegte Werke sollten diesen Anspruch begründen: das Buch über die „Trajanssäule" mit dem Untertitel „Ein römisches Kunstwerk zu Beginn der Spätantike" (1926), dann — aus der Heidelberger Dozentenzeit — „Die antiken Großbronzen" (1927) in Zusammenarbeit mit dem Bildhauer Kurt Kluge. Dazu kam noch ein großer Aufsatz über die Athena Parthenos im Jahrbuch des Deutschen Archäologischen Instituts 47, 1932. Seine Publikationen brachten ihm 1929 wohl die Professur in Münster ein, nicht aber die Anerkennung, die zum Beispiel zur gleichen Zeit Bernhard Schweitzer als dem Nachfolger Franz Studniczkas in Leipzig zuteil wurde. Es lag dies wohl mit an der polemisch zugespitzten, übertreibenden Art, mit der Lehmann seine oft umstrittenen Thesen verfocht. 1933 wurde Lehmann aus Münster nach Italien vertrieben, aber schon 1935 als Professor of Fine Arts an die New York University in New York berufen.

Der Umzug nach Amerika war nicht allen deutschen Gelehrten gleich gut bekommen. Ein großer Mann wie der Führer des Dritten Humanismus, Werner Jaeger, genoß wohl eine ehrenvolle Stellung in Harvard (1936 - 1961), übte aber in dem Riesenland nie den allumfassenden Einfluß aus, wie er ihn in Deutschland gehabt hatte. Bei Lehmann war es anders: Er und New York waren füreinander geschaffen. Seine dynamische, expansive, entschlossene Art kam in dem modernen Babylon mit dem sprudelnden Lebensrhythmus schleunigst zur Geltung. Er traf aber auch auf eine selbst für amerikanische Begriffe phantastische Situation.

Mitten in der Depression, als Arbeitslosigkeit und Geldmangel überall dräuten, beschloß der Kunsthistoriker Walter S. Cook, etwas ganz Neues in New York zu gründen: ein Kunsthistorisches Institut, das nur Graduate Students, also fortgeschrittene Studenten, die das College beendet haben, aufnehmen und das in Lehre und Forschung der Professoren die höchsten Leistungen bieten würde. Cook verwirklichte diesen Plan, indem er berühmten deutschen und anderen Flüchtlingen Gelegenheit gab, an seiner Neugründung zu lehren. „Hitler schüttelt die Bäume, und ich lese die Früchte auf", war sein Motto. So lehrten bei ihm die Kunsthistoriker Erwin Panofsky, Walter Friedländer, Richard Krautheimer. Innerhalb von fünf Jahren entstand ein Institut, dessen ehrgeizige Studenten mit ungeheurem esprit de corps arbeiteten und ‚das' Institut, „The Institute", für das beste der Welt hielten. Das Wunder wurde möglich, weil in der Gegend des Instituts mehr Millionäre zu finden waren als sonstwo in der Welt — und Cook verstand es meisterhaft, ihr Interesse zu erwecken.

Lehmann war so recht in seinem Element. Er war maßgebend daran beteiligt, die Anforderungen und das Lehrprogramm des Institute of Fine Arts zu bestimmen und hatte als Lehrer eine ungemein starke Wirkung. Wie seine Schülerin Phyllis Pray Bober in dem Lehmann gewidmeten Gedächtnisband (1964) ausführt, war seine

Schule nicht nur aus seinen eigenen Doktoranden zusammengesetzt, sondern viele Kunsthistoriker des Mittelalters, der Renaissance und des Barock zählten im Grunde zu Lehmanns Schülern. Den eigenen Doktoranden gegenüber wahrte Lehmann das Berliner Erbe der weiten Interessen: so schickte er Theresa Goell nach dem syrischen Nemrud-Dagh, ließ Clotilde Brokaw über protokorinthische Malerei, Philip Oliver-Smith über die aeolische Ordnung, Elaine Loeffler über etruskische Malerei, Margaret Lee Thompson über literarische und künstlerische Vorlagen hauptsächlich der römischen programmatischen Malerei arbeiten.

In seiner eigenen Forschung aber ereignete sich ein großer Umschwung. Nach einem Vortrag Lehmanns über Ausgrabungen kam zu ihm ein nettes junges Paar und fragte ganz bescheiden, ob er nicht irgendwo graben möchte — sie würden gern dafür bezahlen. Der junge Mann, Edward L. Holsten, war ein Börsenmagnat. Lehmanns Wahl fiel auf Samothrake, wo er 1938 zu graben begann. Mit der Erforschung des großen, halb-barbarischen Mysterienheiligtums nahm er eine frühere Forschungslinie der ‚Berliner Schule' auf, die Mythen- und Religionsforschung von Eduard Gerhard (1775 - 1867, Professor seit 1843) und Theodor Panofka (1800 - 1858, Professor seit 1843).

Dauernde Wirkung in Amerika hatte Lehmann vor allem als kunsthistorischer Archäologe. Er schloß sich Erwin Panofsky an, der erst in Amerika seine Anwendung der Geistesgeschichte auf ikonographische Grundprobleme als „Ikonologie" entwickelte. In diese Richtung ging Lehmanns einflußreichster Artikel, „The Dome of Heaven" („Das Himmelsgewölbe"), in der kunsthistorischen Zeitschrift The Art Bulletin 1945 erschienen. Eine andere Forschungslinie betraf die Deutung antiker Texte im Lichte der jetzigen Kenntnis der antiken Kunst. Dazu gehören die schönen Studien: „The Imagines of the Elder Philostratus" (The Art Bulletin 1941), „A Roman Poet visits a Museum" (Hesperia 1945) und „Kallistratos meets a Centaur" (American Journal of Archaeology 1957).

Letzten Endes aus der ‚Berliner Schule' stammt auch Lehmanns Gefühl für die historische Bedeutung, für Wirkung und Nachleben der Klassik und des Klassizismus. Dies kam bei Lehmann fast symbolisch als Bekenntnis seiner Umwandlung in einen amerikanischen

Gelehrten zum Ausdruck in dem faszinierenden Buch über „Thomas Jefferson, American Humanist" (1947), neben dem ein Artikel über „Thomas Jefferson, Archaeologist" im American Journal of Archaeology 1943 steht. In diesem Werk geht Lehmann der klassisch-humanistischen Bildung und der Stellung zur Antike nach, die der große amerikanische Universalmensch (den man mit Goethe verglichen hat), der Verfasser der amerikanischen Unabhängigkeitserklärung und dritte Präsident der Vereinigten Staaten, sich angeeignet und entwickelt hat.

Die reichen Ergebnisse der Samothrake-Grabung sind noch von Lehmann selber, vor seinem zu frühen Tode (1960) in einem musterhaften Führer zusammengefaßt worden. Seine großen Leistungen für die Deutung der Architektur des Heiligtums erkennt man aber erst nach und nach in seinen Beiträgen zu der Samothrake-Veröffentlichung, die Frau Lehmann herausgibt. Und die Grabung geht weiter. So hatte Lehmann leitend an dem intensivsten und höchsten Aufblühen der Kunstgeschichte in Amerika teilgenommen, einer schöpferischen Explosion, die wiederum nur durch die Flucht und Wiedervereinigung deutscher Gelehrter am ‚Institut' in New York möglich wurde.

Ich muß Sie um Entschuldigung bitten, wenn ich jetzt *meine eigenen amerikanischen Erfahrungen* auftische, aber ich bin nun einmal unser dritter ‚klinischer Fall' eines Berliner Archäologen in den Vereinigten Staaten. Ich will versuchen, mich auf das für das Thema Unerläßliche zu beschränken.

Rodenwaldt war sehr bemüht, mir aus Deutschland herauszuhelfen. Dabei kam er auf David Moore Robinson, den Ausgräber von Olynthos. Robinson war willens, mir ein kleines Stipendium und eine Assistentenstelle zu geben, nur müßte ich das Doktorat an der Johns-Hopkins-Universität noch einmal erwerben. So kam ich im Oktober 1934 in Baltimore an.

Unter David Robinson war Johns-Hopkins in den dreißiger Jahren ohne Zweifel die führende Trainingsstätte für Klassische Archäologen in den Vereinigten Staaten; denn Robinson war bereit, alles zu tun, um seine Studenten schlecht und recht (meistens schlecht) am

Studium und am Leben zu erhalten — selbst aus eigener, nämlich Robinsons Tasche. Eigentlich hätte Robinson einer der großen Industriebarone, ein Rockefeller, ein Carnegie werden sollen; er hatte deren ungeheure Energie, Organisationskraft und Erwerbssucht. Aber irgendwie war er dem Gelehrtenideal verfallen, und so sammelte er statt Eisenbahnen und Aktien Doktoranden, griechische Vasen und Geld für seine Ausgrabung in Olynthos.

Mit dieser Grabung hatte er freilich einen Meisterstreich getan; denn die von Philipp von Makedonien 348 v. Chr. zerstörte Stadt ergab ganz einzigartige Erkenntnisse über das Städtewesen und Stadtleben im klassischen Griechenland. So ließ denn auch Robinson viele seiner Studenten an den 14 Bänden der Olynth-Publikation arbeiten. Darunter war auch meine Doktorarbeit über die Metallfunde, die Robinson dann unter seinem Namen als „Excavations at Olynthus" Band X (1941) veröffentlichte.

Die Johns-Hopkins-University war nach deutschen Vorbildern aufgebaut, nur waren die offiziellen Anforderungen noch lockerer als an den deutschen Universitäten. Man machte mehr oder weniger ein oder zwei Jahre Kurse und Seminare mit und schrieb dann die Doktorarbeit, welche die Hauptsache war. Klassische Archäologie, wie Robinson sie lehrte, war Altertumskunde mit starker Verbindung zur Klassischen Philologie und Alten Geschichte. Was man aber in Johns-Hopkins lernte, war viel mehr. In dem kleinen Korridor der Gilman Hall waren die Amtszimmer des hervorragenden Althistorikers Tenney Frank, der gerade anfing, den Gesichtspunkt des amerikanischen Business in seiner allumfassenden „Social and Economic History of the Roman Empire" zur Geltung zu bringen, des glänzenden Epigraphikers Benjamin Dean Merrit, der die Inschriften von der Agora in Athen und die attischen Tributlisten bearbeitete, und des Orientalisten William Foxwell Albright, den man mit Recht „ein Genie des zwanzigsten Jahrhunderts" genannt hat. Die intensive Forschung und die Arbeitsatmosphäre in Baltimore waren der Berliner recht verwandt.

1935 kam ich nach Cambridge/Massachusetts, nach Harvard. Das war ganz anders. Es herrschte noch der englische Geist. Das deutsche Vorlesungssystem trat hinter dem englischen Tutorial System für

College Undergraduates stark zurück. Praktisch bedeutet es, daß wir als jüngere Tutors bis zu 16 Stunden pro Woche Individualunterricht erteilten. Seminare gab es so gut wie keine. Doktoranden waren seltene Tiere und wurden als Einzelfälle von ihren Professoren betreut. Auch die soeben (1933) begründete Society of Fellows, deren ehrgeiziges Ziel es war, die zwanzig begabtesten Studenten aller Fächer sofort nach Absolvierung des College, also gewöhnlich mit 23 Jahren, in Harvard in der Society of Fellows zusammenzubringen, war den berühmten Trinity Fellows in Cambridge/England nachgebildet.

Zu meinem Glück war unter den sechs Senior Fellows, alles berühmte Professoren, die über die dreijährigen Forschungsstipendien zu entscheiden hatten, auch der Religionshistoriker Arthur Darby Nock, ein Engländer, der Mommsen und Wilamowitz verehrte und vor Rodenwaldt und dem Berliner Latinisten Eduard Norden den größten Respekt hatte. Auf Nocks Empfehlung wurde ich zum Interview eingeladen und sodann als Junior Prize Fellow aufgenommen.

Ich war damals 23 Jahre alt; demgegenüber gehörten bei der Umsiedlung Müller mit 42 und Lehmann mit 41 Jahren einer älteren Generation an. Sie hatten sich beide bereits eine Gelehrtenlaufbahn in Deutschland aufgebaut; dagegen ging meine ganze post-doktorale Entwicklung zum Gelehrten und Hochschullehrer im Rahmen des amerikanischen akademischen Lebens vor sich. In diesem Bildungsprozeß hat bei mir die Society of Fellows, durch den Umgang mit Senior Fellows, vor allem dem großen britischen Philosophen und Mathematiker Alfred North Whitehead und dem englischen Religionshistoriker Arthur Darby Nock, eine wichtige Rolle gespielt. Nock war ein ungeheuer belesener Mann, der alle Zweige der Altertumswissenschaft sowie die Vergleichende Anthropologie und die Neutestamentliche Theologie beherrschte. Ihm verdanke ich die Einsicht in die religiösen Phänomene der Antike, besonders der hellenistischen und römischen Zeit.

Die Klassische Archäologie war damals in Amerika erst zwei Generationen alt und ihre Stellung oft zwiespältig. Mein Vorgänger in Harvard, der tüchtige George Henry Chase (1875 - 1952), hatte als Professor des Griechischen im Classics Department angefangen, ging dann aber bald zu der mächtig aufblühenden kunstgeschichtlichen Abteilung, dem Fine Arts Department und dem Fogg Museum über. Chase hatte als Student in München bei Adolf Furtwängler gehört und stand dem Münchner Archäologenkreis durch seine Beziehungen zum Kunstmäzen James Loeb nahe. Seine Arbeiten über griechische und römische Plastik in amerikanischen Sammlungen und über die etruskischen Bronzedreifüße der Sammlung Loeb folgten Furtwänglerschen Methoden. Im Mittelmeer hatte Chase an den amerikanischen Grabungen in Argos (1895) und Sardis (1914) teilgenommen und dann in Amerika gute Kataloge arretinischer Vasen in der Sammlung Loeb und dem Bostoner Museum veröffentlicht.

Der meteorgleiche Aufstieg des Fogg Art Museum, etwa 1905 bis 1940, war das zweite große Wunder in der Kunstgeschichte Amerikas, und meine Haltung als Forscher und Lehrer wurde davon mitbestimmt. Der Gründer des Fine Arts Department in Harvard, Charles Eliot Norton, war beseelt von dem Glauben, daß Amerika nie ein Kulturland werden könne, wenn es nicht antike Kunst sowie italienische Kunst des Mittelalters und der Renaissance besitze. Von Norton angefeuert, hatte Edward Waldo Forbes, ein Enkel des amerikanischen Philosophen Emerson, die Leitung der schmächtigen College-Sammlung von Harvard übernommen, um zusammen mit einem Busenfreund, Paul Joseph Sachs, der bis 1915 ein Teilhaber des Bankhauses Kuhn, Loeb, Sachs und Goldmann in New York war, das Fogg Museum mächtig aufzubauen und ihm internationale Geltung zu verschaffen. Der Kunstbegeisterung von Sachs verdanke ich die Überzeugung, daß man Kunst wissenschaftlich studieren und doch lieben kann, eine Einsicht, die im deutschen Archäologieunterricht nicht zu finden war.

Ebenso stellte Sachs die Frage nach der Qualität in schärfster Form, wenn er Werke ganz verschiedener Kunst- und Kulturkreise auf ihre ästhetische Qualität hin verglichen haben wollte. Das Problem der Qualität habe ich seitdem in meine Betrachtungen einbezogen. Die Möglichkeiten der Qualitätsanalyse sind dann von einem anderen deutschen Flüchtling, meinem lieben Freund und Kollegen im Fogg Museum, Jakob Rosenberg, einem Schüler von Wölfflin und Max Friedlaender, mit großartiger Klarheit in seinem Buch „On Quality in

Art" (1967) erörtert worden. Sachs' Haltung gegenüber dem Problem der Qualität ging auf eine theoretische Forderung zurück, die von einer anderen, höchst originellen Entwicklung in Harvard und im Fogg Museum ausging — dem Versuch von Denman Ross und Arthur Pope, der Kunstgeschichte eine philosophisch und sogar mathematisch fundierte Kunsttheorie gegenüberzustellen — so wie systematische Philosophie und Geschichte der Philosophie nebeneinander stehen. Diese mit zeitlosen Grundkategorien der Kunst sich befassende Wissenschaft sollte gleichzeitig die Verbindung mit den Naturwissenschaften in der Optik und Experimentalpsychologie aufrechterhalten. Eine solche, rein amerikanische Entwicklung wurde in Harvard drei Generationen lang gefördert und gelehrt und brachte mir Gewinn bei der Betrachtung namentlich der Grundprobleme der Zeichnung und Malerei.

Ganz auf amerikanischen Wegen wandelte ich dann bei der Verschmelzung der Museumsarbeit mit dem Lehren und Forschen. Auch in der Grabungsarchäologie bin ich durchaus den amerikanischen Methoden verpflichtet, besonders der führenden amerikanischen Grabung auf der Agora in Athen und ihrer Variation in Gordion, so daß Sardis zur ‚Agora-Diadoche' gerechnet werden muß. Meine jetzige Stellung zur Archäologie geht aus den programmatischen Bemerkungen hervor, die ich bei der Verleihung der Goldmedaille des American Archaeological Institute 1978 (Archaeology 32, 3, 1979, 58) gemacht habe: „Mein Ziel ist, die Neuentdeckungen und die konkrete Tatsachenforschung der Feldarchäologie mit deutender Theorie zu verbinden, welche in den neuen Tatsachen neue bedeutsame Ordnungssysteme (significant pattern) der Geschichte, der Kunst und der Kultur und der menschlichen Werte (d. h. humanistischen Werte) erkennt. Für mich ist die Grabungsarchäologie (Feldarchäologie) ein Brennpunkt, von dem aus neue Tatsachen, neue Fragen, neues Wissen in die verschiedenartigsten Gebiete menschlicher Erfahrung ausstrahlen. In unserer Zeit haben sich die Naturwissenschaften und die Sozialwissenschaften der humanistischen Tradition der Archäologie angeschlossen und die Ziele wie die Hilfsmittel der Archäologie gewaltig erweitert. So können wir in der Zukunft nach einem immer umfassenderen, immer aufschlußreicheren Verständnis der Vergangenheit der Menschheit streben." Diese Einstellung kommt der sogenannten Neuen Archäologie weit entgegen, betont aber die zentrale Bedeutung der humanistischen Werte.

Kommen wir nun zum Schluß. Gibt es in diesen drei Fällen von Archäologen, die aus Berlin kamen, etwas Gemeinsames, das man als Übertragung der ‚Berliner Schule' nach Amerika betrachten darf? Da ist zunächst die Sauberkeit der Tatsachenforschung, die man als Eigenschaft aller Deutschen zu betrachten pflegte. In der Berliner Archäologie aber war sie meiner Ansicht nach ein Erbe des Wilamowitz'schen Instituts für Altertumskunde, eine Erbe, das Jaeger wie Rodenwaldt als unerläßliche Grundlage für höhere Dinge ansahen. So schrieb Rodenwaldt im Nachruf auf Noack: „Die Pflicht, der Erkenntnis und Feststellung des Tatsächlichen einen wesentlichen Teil ihrer Kraft zu widmen, ist ein Schicksal der Archäologie und Archäologen ... Das gilt heute wie vor hundert Jahren" — und ich möchte zufügen: heute wie vor fünfzig Jahren.

Das zweite und verbindende Element war die theoretisch fundierte, auf große Zusammenhänge und auf Zeitstile gerichtete kunstgeschichtliche Betrachtung, welche auf die in Furtwänglerscher Meisterforschung steckengebliebenen amerikanischen Archäologen befreiend wirkte. Allerdings ist es bezeichnend, daß — im Gegensatz zu Valentin Müller — Lehmann und ich diese neue Mär nur im Institut der Kunstgeschichte, der „Fine Arts", nicht der „Classics" verkünden durften.

Der dritte gemeinsame Belang war die Berliner, man möchte sagen Humboldtsche Tradition des weiten Ausgreifens, das innerhalb des Faches verschiedenartige Interessen anerkennt und neue geistige Initiativen begrüßt.

Was war der Beitrag der Berliner Archäologen zur amerikanischen Kulturgeschichte? Das Wichtigste war wohl der alles überragende, weit über die Grenzen der Klassischen Archäologie und der antiken Kunstgeschichte dringende Einfluß der geistesgeschichtlichen Methode Diltheys und des Dritten Humanismus Jaegers — für die Kunstgeschichte besonders wirksam gemacht durch Rodenwaldt, der das historische Bewußtsein und die philologische Interpretation von Wilamowitz mit der Stilkritik Wölfflins und der geistesgeschichtlichen Orientierung Jaegers zu einer harmonischen, pluralistischen Synthese zu führen suchte. Der umfassende Charakter dieses Ideals, sein ‚Idealismus' kam weitgehend dem Drang des Nachkriegs-Amerika nach einem neuen umfassenden Ideal entgegen, der das alte aristokratische Ideal des angelsächsischen Gentleman-Scholar, wie ich es noch in Harvard kennenlernte, ersetzen konnte.

Ich habe nur von der Vergangenheit gesprochen, von einem Kapitel, das jetzt der Geschichte angehört. Zum Schluß möchte ich einen Blick in die Zukunft werfen. Die deutsch-amerikanischen Beziehungen sind heute in einem ganz anderen Stadium als in den dreißiger Jahren. Die unmittelbare Zukunft wird mit ihrer technologischen Umwälzung und mit der Industrialisierung der Umwelt der Archäologie die dringendsten Aufgaben bringen zur Rettung der Denkmäler der Vergangenheit und zur Entwicklung neuer wissenschaftlicher Methoden. Als höchstentwickelte Länder werden Deutschland und Amerika an solchen Unternehmen führend beteiligt sein. In den Naturwissenschaften und in der Medizin scheint eine wirksame Zusammenarbeit deutscher und amerikanischer Institute in großem Stil in Gang zu kommen. Ich möchte hoffen, daß man auch in den Geisteswissenschaften Organisationsformen findet, in denen die Archäologen in Berlin und in den USA an den großen neuen Zukunftsaufgaben der Archäologie gemeinsam arbeiten können.

Bibliographische Anmerkungen

Auswanderung: D. Fleming - B. Bailyn (Hrsg.), The Intellectual Migration. Europe and America, 1930 - 1960 (1969), dort bes. Sect. 13 (S. 544 - 629): C. Eisler, Kunstgeschichte, American Style. — Bibliographisches Handbuch der deutschsprachigen Emigration nach 1933, Bd. 2: H. A. Strauss - W. Röder, International Biographical Dictionary of Central European Emigrees 1933 - 1945. The Sciences, Art, Literature (erscheint 1983).

Altertumswissenschaft in Berlin: Studium Berolinense. Gedenkschrift der Westdeutschen Rektoren-Konferenz und der Freien Universität Berlin zur 150. Wiederkehr des Gründungsjahres der Friedrich-Wilhelms-Universität zu Berlin (1960), dort bes. S. 459 - 485 (W. Jaeger zur Klassischen Philologie) und S. 581 - 613 (F. Matz zur Klassischen Archäologie).

Der Beitrag von W. Jaeger auch in: W. Jaeger, Five Essays, übersetzt von A. M. Fiske (1966) 45 - 74. — W. Arenhövel - Chr. Schreiber (Hrsg.), Berlin und die Antike, Aufsätze (1979), dort bes. S. 79 - 150 (A. Borbein zur Klassischen Archäologie) und S. 151 - 192 (J. Renger über Altorientalistik und Vorderasiatische Archäologie) jeweils mit reichen Literaturangaben.

Ulrich von Wilamowitz-Moellendorff: W. Jaeger, Humanistische Reden und Vorträge² (1960) 215 - 221.

Werner Jaeger: W. Schadewaldt, Gedenkrede auf Werner Jaeger. Mit einem Verzeichnis der Schriften W. Jaegers (1963). Bibliographie (von H. Bloch) auch in: W. Jaeger, Five Essays (1966).

Internationalismus: W. Krämer, 150 Jahre Deutsches Archäologisches Institut (1979) 6 - 7, 9 - 10.

Ferdinand Noack: G. Rodenwaldt, Archäologischer Anzeiger 1931, 729 - 746. F. Matz, Gnomon 7, 1931, 670 - 672; ders., in: Studium Berolinense a. O. 603 - 607.

Museum: C. Watzinger, Theodor Wiegand (1944).

Valentin Müller: F. Matz, Gnomon 21, 1949, 182 - 185.

Friedrich Matz: G. M. A. Hanfmann, Vorwort in: Festschrift für Friedrich Matz (1962) 1 - 3. B. Andreae, Gnomon 47, 1975, 524 - 528.

Gerhart Rodenwaldt: Bibliographie und letzte Stellungnahme zum Problem des Klassischen in: G. Rodenwaldt, Griechisches und Römisches in Berliner Bauten des Klassizismus (Akademievortrag Berlin 1945, publiziert 1956). Würdigungen: M. Bieber, American Journal of Archaeology 50, 1946, 405 - 406. C. Weickert, Gnomon 21, 1949, 82 - 87. F. Matz, in: Studium Berolinense a. O. 606 - 612. A. Borbein, in: Berlin und die Antike a. O. 143 - 145. Es ist bezeichnend für Rodenwaldts Vielseitigkeit, daß diese Würdigungen ganz verschiedene Seiten betonen. Es fehlt eine monographische Biographie, die seiner ganzen Reichweite Gerechtigkeit widerfahren ließe.

Rhys Carpenter: Bibliographie in Hesperia 38, 1969, 121 - 132. Nachruf von M. L. Lang, in: American Philosophical Society, Yearbook 1980 (1981) 555 - 560. Mit Recht spricht Lang von „einem Geist, der keine Gebietsgrenzen anerkannte, nicht zögerte zu zeigen, welche Idole der klassischen Gelehrsamkeit auf tönernen Füßen standen... und durch seine schöpferischen, aber auch herausfordernden Gedanken in anderen den Eifer erregte, ihn zu widerlegen und nachzuahmen." Theoretische Schriften: The Aesthetic Basis of Greek Art (1921. Nachdruck 1929); Greek Art (1962); The Humanistic Value of Archaeology (1933). Verbindung zu Naturwissenschaften: „Archaeology" in R. Carpenter J. S. Ackermann, Art and Archaeology (1963). Als ‚Geist, der verneint', erscheint Carpenter in den Symposia über den Hermes des Praxiteles und über das Alter des griechischen Alphabets (American Journal of Archaeology 35, 1931, 249 - 261; 37, 1933, 8 - 29) sowie in seiner Theorie über das Ende der ägäischen Kultur: R. Carpenter, Discontinuity in Greek Civilization (1966).

Karl Lehmann(-Hartleben): P. H. von Blanckenhagen, American Journal of Archaeology 65, 1961, 307 - 308. Lucy F. Sandler (Hrsg.), Essays in Memory of Karl Lehmann (1964), dort S. V - VI sein Lebenslauf von Ph. P. Bober sowie S. XI - XV seine Bibliographie. Vgl. auch Eisler a. O. 580 - 581. William McGuire, Bollingen. An Adventure in Collecting the Past (1982) 241 - 246, 304 - 305, Abb. 61 - 64.

New York University, Institute of Fine Arts und *Walter C. Cook:* Eisler a. O. 569 - 579.

David M. Robinson: Lebenslauf, Liste seiner 74 Doktoranden und Bibliographie in der kolossalen Festschrift: G. E. Mylonas (Hrsg.), Studies presented to David M. Robinson 1 (1951) VII - XLIII.

William F. Albright: D. N. Friedman (Hrsg.), The Published Works of William Foxwell Albright: A Comprehensive Bibliography (1975) mit Nachrufen von sechs Gelehrten.

Society of Fellows in Harvard: C. Brinton (Hrsg.), The Society of Fellows (1958).

George M. A. Hanfmann: Society of Fellows a. O. 149 - 153 (Forschungen bis 1958). Current Biography 28: 9 (October 1967) 5 - 17. D. G. Mitten - J. G. Pedley - J. A. Scott (Hrsg.), Studies Presented to George M. A. Hanfmann (1971) IX - XX (Biographie, Bibliographie). Directory of American Scholars 1 (1974) 258. Archaeology 32.3, 1979, 58. D. G. Mitten - A. Brauer, Dialogue with Antiquity. The Curatorial Achievement of G. M. A. Hanfmann (Ausstellungskatalog Fogg Art Museum, Cambridge/Mass. 1982).

Arthur D. Nock: H. Chadwick - E. R. Dodds, Journal of Roman Studies 53, 1963, 168 - 169. Z. Stewart (Hrsg.), A. D. Nock, Essays on Religion and the Ancient World (1972) 1 - 5 (Biographie), 966 - 986 (Bibliographie).

Charles E. Norton, Edward W. Forbes, Paul J. Sachs und das Fogg Art Museum: Eisler a. O. 557. 590 - 592. D. Sutton (Hrsg.), Fogg Art Museum, in: Apollo 107, 1978. — K. Vanderbuilt, Charles Eliot Norton, Apostle of Culture in A. Democracy (1959). — Edward Waldo Forbes, Yankee Visionary (Fogg Art Museum Cambridge/Mass. 1971). — Paul Joseph Sachs Memorial Exhibition (Fogg Art Museum, Cambridge/Mass. 1965).

Kunsttheorie und Naturwissenschaft: D. W. Ross, On Drawing and Painting (1912). The Painter's Palette (Boston 1919). Arthur Pope, The Language of Drawing and Painting (1949).

MIX
Papier aus verantwortungsvollen Quellen
Paper from responsible sources
FSC® C105338

Printed by Libri Plureos GmbH
in Hamburg, Germany